CATALOGUE
D'OBJETS D'ART

ET DE

CURIOSITÉ

Émaux de Limoges, Armes, Fers ouvragés, Bois, Ivoires et Marbres sculptés, Faïences Italiennes et Françaises, Porcelaines de Sèvres et de Saxe, Bronzes Italiens et Français; **Meubles d'Art**, Beau et grand Cabinet en ébène sculpté et gravé, Meubles Louis XVI repoussés et Bas-Reliefs en argent;

CURIOSITÉS DIVERSES

PROVENANT POUR LA PLUS GRANDE PARTIE

DE LA

COLLECTION DE M. S..., DE NOYON

DONT LA VENTE AUX ENCHÈRES PUBLIQUES AURA LIEU

HOTEL DES COMMISSAIRES-PRISEURS
Rue Drouot, n° 5

SALLE N° 1

LES LUNDI 22 & MARDI 23 JANVIER 1866

A UNE HEURE ET DEMIE.

Me DELBERGUE-CORMONT, Commissaire-Priseur,
rue de Provence, 8,
Assisté de M. **DHIOS**, Expert, rue Le Peletier, 33,
Chez lesquels se distribue le présent Catalogue.

EXPOSITION PUBLIQUE

Le DIMANCHE 21 Janvier 1866, de une heure à cinq heures.

PARIS — 1866

RENOU & MAULDE

Imprimeurs de la Compagnie des Commissaires-Priseurs,

RUE DE RIVOLI, 144

CATALOGUE

D'OBJETS D'ART

ET DE

CURIOSITÉ

Émaux de Limoges, Armes, Fers ouvragés, Bois, Ivoires et Marbres sculptés, Faïences Italiennes et Françaises, Porcelaines de Sèvres et de Saxe, Bronzes Italiens et Français; **Meubles d'Art**, Beau et grand Cabinet en ébène sculpté et gravé, Meubles Louis XVI repoussés et Bas-Reliefs en argent;

CURIOSITÉS DIVERSES

PROVENANT POUR LA PLUS GRANDE PARTIE

DE LA

COLLECTION DE M. S..., DE NOYON

DONT LA VENTE AUX ENCHÈRES PUBLIQUES AURA LIEU

HOTEL DES COMMISSAIRES-PRISEURS

Rue Drouot, nᵒ 5

SALLE Nᵒ 1

LES LUNDI 22 & MARDI 23 JANVIER 1866

A UNE HEURE ET DEMIE.

Mᵉ **DELBERGUE-CORMONT**, Commissaire-Priseur,
rue de Provence, 8,
Assisté de M. **DHIOS**, Expert, rue Le Peletier, 33,
Chez lesquels se distribue le présent Catalogue.

EXPOSITION PUBLIQUE

Le DIMANCHE 21 Janvier 1866, de une heure à cinq heures.

PARIS — 1866

CONDITIONS DE LA VENTE

Elle se fera au comptant.

Les adjudicataires paieront cinq centimes par franc, applicables aux frais.

DÉSIGNATION
DES OBJETS

ÉMAUX DE LIMOGES

1 — L'Adoration des Mages. Très-belle plaque coloriée, avec costumes rehaussés d'or. Bel émail du xvie siècle, dans un cadre finement sculpté.

2 — Ancienne plaque en émail de Limoges. Grisaille teintée représentant le Bon Pasteur.

3 — La Vierge allaitant l'Enfant Jésus. Cadre en cuivre doré.

4 — Saint Jean. Cadre en bois noir.

5 — Saint François. Grisaille ovale, cadre à jour.

6 — Dieu tenant la Boule du Monde. Cadre noir.

7 — Deux personnages, homme et femme chevauchant.

8 — Jésus couronné d'épines.

9 — Petite plaque byzantine représentant un saint.

10 — Custode très-bien conservée.

11 — Deux émaux anciens camaïeu rose.

ARMES & OBJETS EN FER FORGÉ

12 — Très-belle Muserolle en fer forgé, découpé à jour, avec inscription.
Travail allemand du XVIe siècle.

13 — Jolie petite Arquebuse de chasse, à rouet, dit pied de biche, riche d'incrustations ; platine gravée en parfait état.

14 — Une paire de Pistolets du XVIIe siècle, richement garnis d'argent, bois finement sculptés, platines ciselées, cavaliers en relief.

15 — Une paire de Pistolets du XVIIe siècle, monture en fer finement ciselée.

16 — Belle Épée à barrette, garde facette, avec dorure du temps.

17 — Six Épées diverses seront divisées sous ce numéro.

18 — Beau Yatagan garni d'argent filigrané, poignée en corne à éventail, jolie lame à devise, damasquinée or.

19 — Poignard circassien, manche en ivoire monté en argent.

20 — Casque à visière en fer gravé.

21 — Un Poignard, fourreau et manche en cuivre émaillé.

22 — Jolie Platine d'arquebuse à rouet ciselée.

23 — Un lot de trois pièces en fer, dont une platine.

24 — Curieuse et forte serrure du XVIIe siècle.

25 — Un lot de Pentures en fer ciselé et repercé, du XVe siècle. 18 pièces en bon état.

26 — Deux verrous fer gothique à coquilles.

27 — Trois Serrures de bahut fer gothique.

28 — Deux Clefs fer ciselé.

29 — Un macaron, deux clefs et entrée de serrure.

30 — Une courte Épée.

31 — Une Épée plus longue.

32 — Épée à croisillon en forme de croix.

33 — Une Épée ouvragée.

34 — Une Dague ancienne.

35 — Une autre Dague d'une autre forme.

36 — Marteau de porte représentant un dragon.

37 — Casque avec cotte de mailles.

38 — Une Plaque d'armure en fer repoussé : Cerbère terrassé par Hercule.

39 — Une petite pièce de canon sans affût.

40 — Jolie platine à rouet ciselée.

41 — Couteau oriental, manche en jade.

42 — Clef en fer ciselé, époque Louis XIII.

43 — Stylet en fer ciselé. Travail milanais.

44 — Un Casque salade du xvᵉ siècle.

45 — Fusil italien très-riche d'ornements.

46 — Bouclier fleurdelisé.

47 — Lot de fragments d'armures.

48 — Une Armure en fer.

49 — Deux pertuisanes.

BOIS & IVOIRES SCULPTÉS

50 — Bas-relief bois sculpté : Adoration, xvıᵉ siècle. Cadre chêne.

51 — Jolie petite Vierge et Jésus, ivoire sculpté du xvııᵉ siècle,

52 — Un couvert bois sculpté, à médaillons et feuillages. Trois pièces du xvııᵉ siècle.

53 — Un grand olifant en ivoire.

54 — Petit couteau en ivoire. Le manche est formé par une sirène.

55 — Statuette : la Vierge et Jésus. Bois sculpté.

56 — Plaque de diptyque en ivoire.

57 — Christ en ivoire.

58 — Statuette en ivoire, costume du temps de Louis XII.

59 — Martyre de saint Etienne. Bas-relief sur fond d'ébène.

60 — Bas-relief représentant un Festin. — Hauteur, 30 c.; largeur, 60 c.

61 — Bas-relief représentant la Circoncision. — Haut., 30 c.; larg., 60 c.

62 — Décollation de saint Jean-Baptiste; 7 personnages en bois doré. — Haut., 60 c.

63 — Mariage d'un prince; costumes du temps de Louis XII. Groupe de six personnages. — Haut., 36 c.

64 — La Circoncision, groupe de cinq personnages. Haut., 45 c.

65 — Une Femme et son enfant cueillant des fleurs à un arbre.

66 — Modèle de harpe en bois sculpté, époque Louis XIII.

67 — Petit cabinet en bois noir, avec figures et groupe en bois sculpté.

68 — Bénitier en bois sculpté et doré. Travail italien.

69 — Deux groupes en ivoire.

70 — Deux jolis cadres ovales, avec guirlandes et cartouche. Bois sculpté et doré du temps de Louis XVI.

FAIENCES & PORCELAINES

71 — Plat en faïence italienne, sujets bibliques; intact.

72 — Deux vases en faïence de Delft, décorés de fleurs en camaïeu bleu, avec anses à mufles de lions.

73 — Deux cache-pots, faïence camaïeu.

74 — Figure de Bacchus, faïence.

75 — Une potiche d'un joli décor, fabrique de Rouen.

76 — Petite potiche, décor bleu.

77 — Quatre plats longs de Sinceny.

78 — Soupière décorée de fleurs.

79 — Dix-huit assiettes, faïence de diverses fabriques.

80 — Deux vases à fleurs à têtes de mascarons.

81 — Sept plats de différentes grandeurs, fabrique de Rouen (à la corne).

82 — Pot à eau en Saxe.

83 — Plat rond en faïence de Bernard Palissy, décoré de figures mythologiques en relief.

84 — Petite boîte en porcelaine de Saxe.

85 — Deux vases en faïence de Pesaro, décorés de bouquets de fleurs.

86 — Très-belle assiette en faïence de Moustiers. (Echantillon très-rare.)

87 — Groupe en porcelaine de Saxe, moderne.

88 — Deux vases en porcelaine moderne, décorés de médaillons à fleurs et ornements.

89 — Deux vases en porcelaine de Dresde, décorés de médaillons à sujets mythologiques.

90 — Cinq cornets, décors variés. Seront divisés.

91 — Deux vases forme bouteilles.

92 — Trois pièces Moustiers : théière, vase et saucière d'un très-joli décor.

93 — Deux vases à anse et goulot.

94 — Deux cornets, décors à trophées et figures.

95 — Deux autres médaillons de guerriers et trophées.

96 — Une aiguière, faïence de Venise.

97 — Deux vases en faïence de Savone.

98 — Deux vases forme ovoïde, en Castel-Durante.

99 — Deux grands cornets en faïence de Castel-
Durante, décorés de médaillons à figures.

100 — Deux cornets décorés de blasons.

101 — Deux cornets à feuillages et têtes d'enfants.

102 — Un vase en faïence de Venise, décoré de guirlandes de fleurs en relief.

103 — Un groupe en faïence de Lorraine : l'Oiseau
mort.

104 — Un plat en faïence de Venise, bordure en
relief encadrant un sujet : l'Enfance de Bacchus.
— Un autre plus petit.

105 — Quantité de porcelaines de Sèvres et de Saxe
seront vendues sous ce numéro.

106 — Trois pièces : soucoupes et bol en porcelaine
de Chine.

107 — Diverses pièces en faïence.

BRONZES, MARBRES

108 — Statuette de l'Amour tenant son arc. Sculpture en marbre blanc.

109 — Buste en marbre blanc : figure de Satyre.

110 — Figure d'Enfant en marbre blanc.

111 — Phryné ; bronze d'après Pradier.

112 — Neuf bronzes japonais seront divisés sous ce numéro.

113 — Quatre stores et un album chinois.

114 — Persée ; figure en bronze. Travail florentin.

115 — Vase vénitien en cuivre gravé.

116 — Groupe d'enfants en bronze doré du temps de Louis XVI.

117 — Une Pendule Louis XVI marbre blanc, avec figure de Diane en bronze doré.

118 — Lustre en bronze et verroterie de couleur.

119 — Une paire de flambeaux en bronze japonais.

120 — Petit Flambeau en cuivre doré, avec deux chiens en porcelaine de Saxe.

121 — Mortier cuivre.

122 — Petit Encrier Louis XVI cuivre argenté.

123 — Encrier bronze florentin, xvie siècle. Tête chimérique.

124 — Mortier bronze ciselé du xviie siècle.

MEUBLES

125 — Un très-beau meuble en ébène sculpté et gravé. Travail de la fin du xvie siècle. Grande et belle pièce très-bien conservée.

126 — Un joli Secrétaire en bois de rose, avec marqueterie de bois à trophée, et vases, galerie et bronzes dorés époque Louis XVI.

127 — Une Commode de la même époque.

128 — Un beau Piano en palissandre et bois rose.

129 — Une Encoignure en marqueterie de bois, avec filets en cuivre.

130 — Un petit Bahut en chêne sculpté.

131 — Un Fauteuil Louis XVI couvert en tapisserie.

OBJETS DIVERS

132 — Deux Bas-reliefs en argent repoussé, xviie siècle. Saints François et Gonzague. Cadres en ébène guillochés.

133 — Un joli Bas-relief ovale en argent repoussé. Sainte Famille. XVIIe siècle.

134 — La Vierge entourée d'anges. Plaque en argent repoussé.

135 — Petite Plaque ovale en argent. La Vierge et l'Enfant Jésus.

136 — Deux Figurines en argent ciselé représentant des faunes.

137 — Une Croix normande strass et or.

138 — Un petit Flacon.

139 — Un Chien en jade.

140 — Théière bronze.

141 — Trois Figurines chinoises, bois et porcelaine.

142 — Une petite Fourrure blanche chinoise.

143 — Une Broche perles fines et émail. Paysage.

144 — Deux Bustes en terre cuite par Fautras.

145 — Socle de croix en ivoire et ébène.

146 — Une petite Pendule Louis XIII.

147 — Miroir Louis XIV en bois doré.

148 — Joli Socle en marqueterie Boule.

149 — Un Couvert bois et ivoire. Trois pièces.

150 — Boîte à thé époque Louis XVI.

151 — Une Miniature. Vénus et Vulcain.

152 — Glace avec cadre en marqueterie époque de Boule.

153 — Petit Cartel en marqueterie de Boule.

154 — Deux petites Marines, cadres dorés.

155 — Sainte Marguerite et saint Etienne. Feuille provenant d'un ancien manuscrit.

156 — Dieu le Père. Peinture sur bois.

157 — Notre-Dame-de-Liesse. Peinture sur bois.

158 — Sainte Marguerite. Peinture sur cuivre.

159 — Rocher au bord de la mer. Peinture sur cuivre.

160 — L'Adoration de la Vierge. Petite peinture sur cuivre, cadre sculpté et doré.

161 — Album chinois orné de onze vignettes très-fines.

162 — Tous les objets omis au catalogue seront vendus sous ce numéro.

Renou et Maulde, imprimeurs de la Compagnie des Commissaires-Priseurs, rue de Rivoli, 144.   49343